É SÓ PERGUNTAR!

SONIA SOTOMAYOR

ILUSTRAÇÕES
RAFAEL LÓPEZ

É SÓ PERGUNTAR!

SEJA DIFERENTE, SEJA VALENTE, SEJA VOCÊ!

TRADUÇÃO
FLAVIA BAGGIO

1ª EDIÇÃO
SÃO PAULO, 2025

Text copyright © 2019 by Sonia Sotomayor.
Illustrations copyright © 2019 by Rafael López.

Título original em inglês: Just ask! Be different, be brave, be you

Todos os direitos reservados, incluindo o direito de reprodução completa ou parcial em qualquer formato.

Esta edição foi publicada em acordo com a Philomel Books, um selo da Penguin Young Reader's Group, uma divisão da Penguin Random House LLC.

1ª Edição, Gaudí Editorial, São Paulo 2025

Jefferson L. Alves – diretor editorial
Flávio Samuel – gerente de produção
Juliana Campoi – coordenadora editorial
Jefferson Campos – analista de produção
Flavia Baggio – tradução
Rafael López – ilustrações
Equipe Gaudí Editorial – produção editorial e gráfica

Dados Internacionais de Catalogação na Publicação (CIP)
(Câmara Brasileira do Livro, SP, Brasil)

Sotomayor, Sonia
  É só perguntar! : seja diferente, seja valente, seja você! / Sonia Sotomayor ; ilustração Rafael López ; tradução Flavia Baggio. –
1. ed. – São Paulo : Gaudí Editorial, 2025.

  Título original: Just ask! Be different, be brave, be you
  ISBN 978-65-87659-59-6

  1. Diferenças - Literatura infantojuvenil 2. Diversidade - Literatura infantojuvenil 3. Empatia - Literatura infantojuvenil
4. Respeito - Literatura infantojuvenil I. López, Rafael. II. Título.

25-254232   CDD-028.5

Índices para catálogo sistemático:
1. Literatura infantil   028.5
2. Literatura infantojuvenil   028.5

Aline Graziele Benitez - Bibliotecária - CRB-1/3129

Obra atualizada conforme o
NOVO ACORDO ORTOGRÁFICO DA LÍNGUA PORTUGUESA

gaudí
editorial

Gaudí Editorial Ltda.
Rua Pirapitingui, 111, 1º andar – Liberdade
CEP 01508-020 – São Paulo – SP
Tel.: (11) 3277-7999
e-mail: gaudi@gaudieditorial.com.br

- gaudieditorial.com.br
- @globaleditora
- /gaudieditorial
- @gaudieditorial
- /globaleditora
- /globaleditora
- blog.grupoeditorialglobal.com.br

Direitos reservados.
Colabore com a produção científica e cultural.
Proibida a reprodução total ou parcial desta obra sem a autorização do editor.

Nº de Catálogo: **4770**

Para Peter Kougasian.
Você me ensinou que um corpo acometido pela **ELA** (esclerose lateral amiotrófica) não apaga sua inteligência brilhante, nem altera a singularidade de quem você é, nem a preciosidade do que você oferece aos outros.
— S.S.

Para Santiago, meu pequeno e poderoso sequoia.
— R.L.

Carta aos leitores

Oi! Eu nasci no dia 25 de junho de 1954, e, quando tinha sete anos, descobri que tinha diabetes tipo 1. Para cuidar da minha saúde, eu precisava fazer coisas que as outras crianças não faziam. Às vezes, eu me sentia diferente. Quando as crianças me viam aplicando uma injeção de insulina (que é um remédio importante para mim), eu sabia que elas ficavam curiosas sobre o que eu estava fazendo. Mas elas nunca me perguntavam o que era. Nem para meus pais ou professores. Muitas vezes, eu sentia que elas achavam que eu estava fazendo algo errado.

À medida que fui crescendo, entendi que cada pessoa é diferente e que eu não estava sozinha ao me sentir diferente também. Por isso, escrevi este livro: para mostrar como as diferenças fazem parte da nossa vida – e podem até ser coisas boas!

Assim como a minha experiência com a diabetes, os desafios que algumas crianças enfrentam podem ser muito difíceis e, algumas vezes, frustrantes. Alguns de nós têm condições que exigem medicamentos ou ferramentas para lidar com situações que outras crianças não conhecem. Algumas das nossas dificuldades não são visíveis a todos, mas elas nos fazem sentir diferentes, e nós podemos fazer coisas que os outros não entendem. Essas coisas podem parecer difíceis, mas também podem nos deixar mais fortes do que os outros imaginam.

O que eu quero é que, ao ler esta história com seus amigos, você entenda que todos somos diferentes, e isso pode ajudar você a se sentir melhor com você mesmo e mais forte por dentro. Espero também que você descubra o que temos em comum. Em vez de ter medo das nossas diferenças ou ignorá-las, podemos iluminá-las e explorá-las juntos. Se você ficou em dúvida por que alguém está fazendo algo diferente, saiba que **É SÓ PERGUNTAR!**

Sonia Sotomayor

Olá, meu nome é **Sonia**. Meus amigos e eu estamos plantando um jardim.

Jardins são lugares mágicos. Milhares de plantas florescem juntas, mas cada flor, cada fruta e cada folha é diferente. Cada uma tem um cheiro, uma cor, um formato e um jeitinho diferente. E cada uma tem uma razão especial para existir. Algumas flores precisam de muita luz do sol; outras se desenvolvem melhor na sombra. Algumas precisam ser cortadas de vez em quando, enquanto outras é melhor deixar quietinhas. Algumas flores e árvores são mais delicadas. Outras são bem fortes.

Crianças também são diferentes. Algumas de nós são mais apressadas, enquanto outras vão com mais calma. Algumas parecem ser tímidas e quietas, enquanto outras são mais agitadas e falantes. Algumas das nossas diferenças são fáceis de perceber. Outras precisam de mais tempo para serem notadas. Cada um de nós cresce a sua própria maneira, então, se você ficar curioso sobre outras crianças,
É SÓ PERGUNTAR!

Nem todo mundo gosta de responder perguntas sobre si mesmo, mas eu não ligo.

O que estou fazendo? Algumas vezes ao dia, eu furo meu dedo para medir o açúcar no sangue e me aplico injeções de um remédio chamado insulina. Faço isso porque tenho diabetes, e meu corpo não produz insulina suficiente como o das outras pessoas.

Mesmo que às vezes doa, eu junto toda a minha coragem para fazer isso e me manter saudável.

Você já precisou tomar remédio para ficar bem?

Eu já. Meu nome é **Rafael** e eu tenho asma. Isso significa que, às vezes, tenho dificuldade para respirar. Quando isso acontece, faço uma pausa e uso uma bombinha de asma com um remédio que me ajuda a respirar melhor. Nesses momentos, buscar tranquilidade ajuda a me acalmar e a recuperar a respiração.

Minha bombinha é como uma ferramenta para ajudar meu corpo. E você? Usa alguma coisa para ajudar o seu?

Eu sou o **Anthony** e uso uma cadeira de rodas para me movimentar. Mesmo que eu não consiga correr com as minhas pernas, eu consigo me mover bem rápido com a cadeira!

Como você vai de um lugar para o outro?

Meu nome é **Madison**, e meu cão-guia, o Lucky, me ajuda a chegar com segurança aos lugares, porque eu não enxergo. Meu amigo **Arturo** também é uma pessoa com deficiência visual, ele não enxerga. Ele usa uma bengala para se guiar. Mesmo que não possamos ver, desenvolvemos os outros sentidos e notamos muitos detalhes que as outras pessoas podem não perceber com atenção: ao ouvir com os ouvidos, ao cheirar com o nariz e ao sentir com as mãos.

Eu sou o **João**. Eu percebo o mundo de um jeito diferente, porque eu posso ver, mas não posso ouvir – sou uma pessoa com deficiência auditiva. Na maioria das vezes, me comunico usando a expressão de meu rosto e minhas mãos por meio da língua de sinais. É muito legal conhecer outras línguas.

Eu sou a **Bianca** e tenho dislexia, então preciso me esforçar bastante e não ter pressa quando estou lendo e escrevendo. Às vezes, uso programas de computador para me ajudar. Gosto de aprender fazendo coisas novas. Tenho muita imaginação, sou cheia de ideias e muito boa em fazer arte com as imagens que vêm à minha mente.

Sou muito bom com dinossauros – sei tudo sobre eles! Meu nome é **Jordan** e sou uma pessoa com autismo. Organizar e contar várias vezes todos os meus dinossauros de brinquedo me acalma. Minha amiga **Tiana**, que estuda comigo, também é autista. Mas o jeito dela é diferente do meu. Ela não fala.

Mas eu gosto de falar. Principalmente sobre dinossauros.

E sobre o que você gosta de falar?

Para mim, ouvir é mais fácil do que falar – e sou uma ótima ouvinte. Meu nome é **Anh** e eu gaguejo quando falo. Às vezes, repito uma palavra ou paro no meio de uma frase porque estou tentando falar. Pode levar um tempinho até eu conseguir me expressar. E às vezes eu fico tímida. Mas pode ter certeza: eu entendo tudo o que está acontecendo.

Você já se perguntou se as pessoas te entendem?

Eu já. Meu nome é **Júlia**. Às vezes, eu faço movimentos ou sons que não consigo controlar, porque tenho a síndrome de Tourette. Algumas pessoas me olham estranho, achando que não estou prestando atenção ou que estou sendo malcriada. Mas não é isso! Eu estou ouvindo, sim.

Nem sempre eu gosto de ter que explicar tudo. Isso me deixa meio chateada. Mas ajuda quando eu falo para as pessoas que é apenas algo que meu corpo faz sem meu controle.

Você já se sentiu frustrado?

Meu nome é **Manuel** e eu tenho transtorno do déficit de atenção com hiperatividade – também conhecido como **TDAH**. Posso ficar frustrado quando tenho vontade de me mexer, mas tenho de ficar quieto. Quando meus professores e amigos me entendem e são pacientes comigo se eu esqueço alguma coisa ou me distraio, logo consigo voltar a me concentrar.

E para você, o que é que te ajuda?

Sou o **Nolan**. E sempre me ajuda quando os alimentos trazem a informação clara de que não contêm nozes, porque eu sou alérgico a nozes – elas podem me fazer tão mal que eu teria de ir ao hospital se comesse alguma, mesmo que por acidente. Por isso, sempre aviso todo mundo que tenho alergia e sempre pergunto se os alimentos contêm nozes. Falar sobre isso ajuda a me manter saudável.

E como você usa sua voz?

Eu amo cantar e amo falar. Adoro fazer novos amigos. Sou a **Grace** e nasci com síndrome de Down. Crianças como eu têm um pedacinho a mais dentro do corpo – é o que chamam de um cromossomo extra. Mas também somos diferentes umas das outras. Eu consigo fazer quase tudo o que qualquer outra criança faz, mas aprender coisas novas pode levar algum tempo.

Para mim, uma maneira de aprender é fazendo perguntas.

Sou eu, a **Sonia**, de novo!

Eu também faço perguntas! Quando algo parece diferente ou novo, eu pergunto aos meus pais ou aos meus professores, e eles me ajudam a entender. E isto é o que eu aprendi:

Imagine se todas as plantas deste jardim fossem exatamente iguais – como seria se só cultivássemos ervilhas? Isso significaria que não haveria morangos, pepinos ou cenouras. Também não haveria árvores, rosas ou girassóis.

Assim como em nosso jardim, todas as nossas diferenças fazem nosso entorno – na verdade, o mundo inteiro – mais interessante e divertido. E, assim como todas essas plantas, cada um de nós tem poderes únicos para compartilhar com o mundo e torná-lo mais interessante e enriquecedor.

AGRADECIMENTOS

Kamala Gururaja me inspirou a escrever este livro sobre crianças que vivem com condições desafiadoras, mas cuja coragem, determinação e perseverança as tornam firmes todos os dias.

Algumas crianças que passaram por minha vida podem ver seus nomes neste livro. Sim, vocês me deram um modelo para esta história, mas cada criança é um pequeno ser único.

Este livro contou com a imensa ajuda, colaboração e assistência de Ruby Shamir. Ruby, agradeço por não me deixar desistir da minha ideia para este livro. Como sempre, o conhecimento da minha amiga Zara Houshmand aprimorou a qualidade de tudo o que escrevo.

Rafael López é um ilustrador extraordinário, com o qual tenho a honra de ter trabalhado. Seus desenhos são feitos com amor e cuidado em cada criança representada.

Minha profunda gratidão à minha talentosa, paciente e sensível editora na Penguin Random House, Jill Santopolo, e a toda a equipe que trabalhou na edição, produção e divulgação deste livro.

Os sábios conselhos de Peter e Amy Bernstein, da Bernstein Literary Agency, e dos meus advogados, John S. Siffert e Mark A. Merriman, são sempre inestimáveis. Minhas assistentes Susan Anastasi, Anh Le e Victoria Gómez são parte integrante de tudo o que faço, e sou grata a elas.

É impossível descrever os esforços de todas as pessoas que leram e comentaram os vários rascunhos deste livro. Muitas dessas pessoas são amigas, mas muitas são profissionais que, gentilmente, compartilharam seu conhecimento para ajudar na precisão das minhas representações. Agradeço a todos vocês pela preciosidade das sugestões, ideias e conhecimento. Listo em ordem alfabética: Alejandro Herrera, Dra. Alison May, Amy Richard,

Dr. Andrew Drexler, Aurelia Grayson, Autism Speaks, Brooke Adler, C. J. Volpe, Dra. Carol Robertson, Cheryl Eissing, Dra. Corinne Rivera (a filha da minha prima Miriam), David Briggs, Denise Konnari, Diane Artaiz, Dra. Dimitra Robokos, Elizabeth Lunn, Jed Bennett, Jennifer Callahan, Jenny Anderson, Dr. Juan Sotomayor (meu irmão), Dra. Kristen Harmon, Kristine Thompson, Lisa Foster, Marisa Herrera Postlewate, Matthew Grieco, Miriam Gonzerelli (minha professora e prima), Rachael Caggiano, Dra. Rebecca Carlin, Ricki Seidman, Robert A. Katzmann, Sharon Darrow, Suzanne Foger, Talia Benamy, Theresa Bartenope, Tricia Cecil e Trish Ignacio.

Rafael López é um ilustrador e artista reconhecido internacionalmente. Nascido e criado na Cidade do México, filho de pais arquitetos, López traz em sua arte a herança de sua cultura nativa. Ele ganhou o Prêmio Pura Belpré, recebeu também três menções honrosas Pura Belpré, dois Américas Book Awards e, em 2017, o prêmio Tomás Rivera Children's Book Award e a Medalha de Prata da Sociedade dos Ilustradores. Em 2022, ele atuou como o primeiro artista convidado do Smithsonian Postal Museum, ministrando *workshops* para crianças e famílias. No mesmo ano, ele criou 57 retratos para o Smithsonian National Museum of the American Latino. O ilustrador vive e trabalha no centro de San Diego, nos Estados Unidos, e em sua casa-estúdio na cidade colonial de San Miguel de Allende, no México.

Sonia Sotomayor nasceu no Bronx, Nova York, em 1954. Formou-se na Universidade de Princeton, tornando-se doutora em jurisprudência pela Faculdade de Direito da Universidade de Yale. Trabalhou como assistente de procuradoria em Nova York, e, mais tarde, como advogada de defesa. Em 1991, foi nomeada pelo presidente George H. W. Bush para o Tribunal Distrital dos Estados Unidos. Em 1997, o presidente Clinton a nomeou para o Tribunal de Apelações do Segundo Circuito de Cortes. E, em 2009, o presidente Barack Obama a nomeou para ocupar o cargo de juíza associada da Suprema Corte dos Estados Unidos, tornando-se a primeira mulher latino-americana a ocupar um cargo de tal relevância.

Esta obra foi
composta com a fonte
OpenDyslexic,
uma fonte projetada
para facilitar a leitura
a quem apresenta
características de dislexia.